COMITÉ CENTRAL DE SECOURS AUX BLESSÉS DU NORD DE LA FRANCE.

NOTES EXPLICATIVES

SUR

LA CRÉATION, LE FONCTIONNEMENT ET LE BUT

DES

CAISSES DE SECOURS

des Bataillons des Mobiles et des Gardes Nationaux Mobilisés

DU NORD DE LA FRANCE,

SUIVIES D'UN

MODÈLE DE MATÉRIEL D'AMBULANCE PORTATIVE

pour un bataillon en marche,

DU

Rapport général du délégué sur le fonctionnement des caisses,
depuis le 12 décembre 1870, époque de leur origine,
jusqu'au 16 janvier 1871.

ET D'UN

Aperçu sur l'état des caisses au 15 mars 1871 et de leur nouveau mode
de fonctionnement, par suite du licenciement des mobilisés.

PRIX : **50** CENTIMES, AU PROFIT DE L'ŒUVRE.

2ᵉ ÉDITION.

LILLE,
IMPRIMERIE L. DANEL
1871.

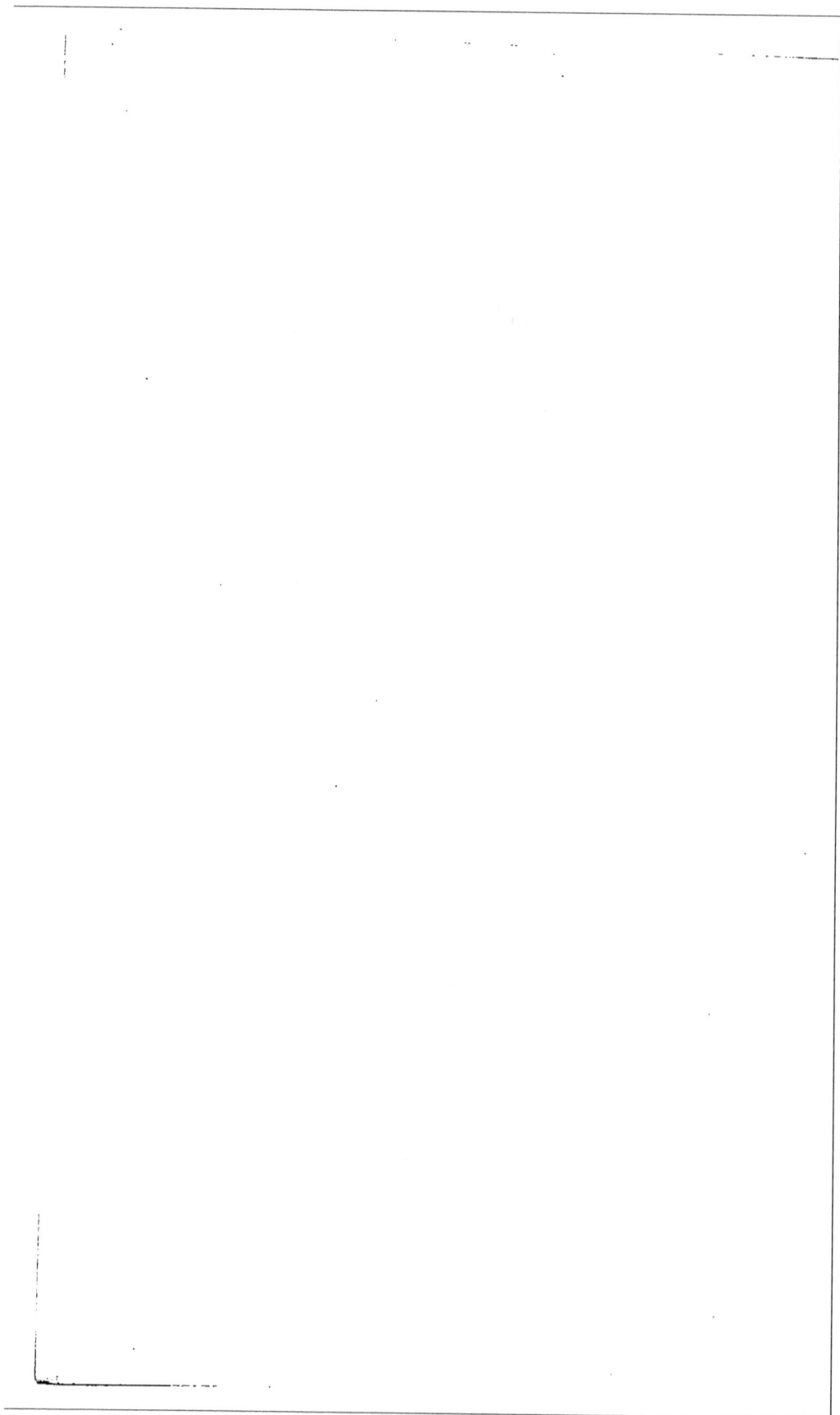

PREFACE DE LA DEUXIÈME ÉDITION.

La création des caisses de secours des Mobilisés ne date que de quelques jours, et déjà le Comité central de secours aux blessés du Nord de la France se trouve dans la nécessité de faire paraître une nouvelle édition de la petite brochure, dans laquelle il exposait, le mois dernier, le but et le fonctionnement de cette institution.

Le généreux concours que le Comité central a rencontré en cette occasion dans toutes les classes de la société, lui a prouvé que la création de ces caisses répondait à un besoin réel, et il a été heureux de constater que nos populations ont dignement répondu à son chaleureux appel. C'est à leur noble générosité qu'il attribue le succès inespéré de son œuvre philantropique.

Mais, plus sont vives les sympathies, plus augmente la responsabilité de ceux qui les font naître.

Le rapport général du Délégué sur le fonctionnement des caisses de secours, depuis leur origine, permettra d'apprécier l'heureuse influence qu'elles ont exercée sur la formation immédiate du matériel des petites ambulances, et sur l'amélioration qui en résultera pour les conditions hygiéniques de notre armée. Si on eût pu mieux faire, il eût été difficile de déployer plus de cœur et d'activité en faveur d'une création qui se fait déjà sentir sur nos cinq départements du Nord et s'étendra bientôt sur une grande partie de la France.

Le Comité espère que, d'ici peu, l'initiative individuelle des membres des Comités cantonaux se substituera à celle que sa position lui a ordonné de prendre, mais qu'il ne peut conserver sans porter atteinte aux droits et à l'affection des personnes qui, parmi les mobiles et les mobilisés, comptent des administrés, des parents ou des amis.

Lille, le 20 janvier 1871.

INTRODUCTION.

Le Comité central de secours aux blessés du Nord de la France, en apprenant les misères qu'avaient endurées, sur le champ de bataille, nos mobiles, après le combat de Villers, près d'Amiens où se trouvaient les bataillons de Lille, de Roubaix et de Tourcoing, a décidé, dans sa séance du 24 novembre 1870, qu'une caisse de secours serait constituée dans chaque bataillon des mobiles et des gardes nationaux mobilisés des cinq départements du Nord, à l'aide de souscriptions volontaires, afin que de prompts secours pussent leur être accordés et que, dans chacun de ces secours, notre vaillante jeunesse retrouvât un souvenir de leurs concitoyens et une marque d'affection de leurs familles éplorées.

Cette initiative du Comité International du Nord de la France, de créer une caisse de secours dans chacun des bataillons des mobilisés, a été l'objet d'une vive sympathie de la part de MM. les généraux Faidherbe, Farre et Robin, de M. le préfet du Nord et de tous les commandants de ces bataillons, dans leur réunion générale du 12 décembre 1870. Toutes nos sociétés savantes se sont déjà déclarées en faveur de cette institution et se sont empressées de lui apporter leur puissant et intelligent concours. Après le vote de la Société des sciences de Lille, qui lui a accordé 500 francs, dans sa séance du 2 décembre, sur les cotisations de ses membres, en tant que sociétaires, nous sommes heureux d'enregistrer ceux du Comice agricole, de la Chambre de Commerce et de l'Association de prévoyance des Médecins du département du Nord, qui lui ont alloué une pareille somme.

Un des plus grands avantages de ces caisses, est de faire arriver les secours au moment même où les besoins se font sentir, et de permettre aux personnes victimes de la guerre et témoins des souffrances de nos braves défenseurs, d'y porter tout aussitôt remède.

Une si belle œuvre ne saurait être trop connue des familles qui ont leurs enfants incorporés dans ces bataillons.

En effet, à l'aide de ces caisses de secours, un triple but est atteint : Secours aux blessés ; améliorations des conditions hygiéniques des hommes en campagne ; après la guerre, assistance aux familles privées de leurs soutiens naturels.

Que chaque canton s'impose pour ses Mobilisés, et en quelques jours chaque bataillon sera pourvu d'une caisse assez riche pour faire face à toutes les éventualités de la guerre.

On estime qu'une caisse pouvant disposer de 9 à 10,000 francs sera à même de pourvoir aux misères qu'éprouvent les hommes appelés momentanément sous les drapeaux et habitués au comfort de la vie sociale.

Le Comité a cru utile, pour faciliter l'organisation immédiate du matériel de l'ambulance portative de chaque bataillon, de joindre aux statuts de l'œuvre un modèle de cette ambulance, afin qu'on fût bien certain qu'on pourrait se procurer ce petit matériel moyennant 5 à 600 francs.

Le Comité prie instamment MM. les commandants de lui faire parvenir au plus tôt leur adhésion et de lui envoyer, chaque mois, une simple mention du montant des souscriptions recueillies et de l'actif de la caisse, ainsi qu'une copie de l'inventaire de l'ambulance, afin qu'il puisse connaître les besoins de chaque bataillon et y remédier, soit par des expéditions d'argent ou de linge, soit en faisant, en leur nom et au sien, un chaleureux appel aux habitants de leur canton.

Les fonds recueillis jusqu'à ce jour ont été déposés au siége du Comité international, 95, rue Royale, chargé de la répartition entre les différents bataillons.

On peut adresser les souscriptions aux bureaux de tous les journaux, aux membres du Comité central et à M. Houzé de l'Aulnoit, 14, square Jussieu, délégué par le Comité de secours aux blessés du nord de la France pour la création de ces caisses, en déclarant dans quel bataillon on désire que les sommes soient versées. On s'empressera de respecter la volonté des donateurs.

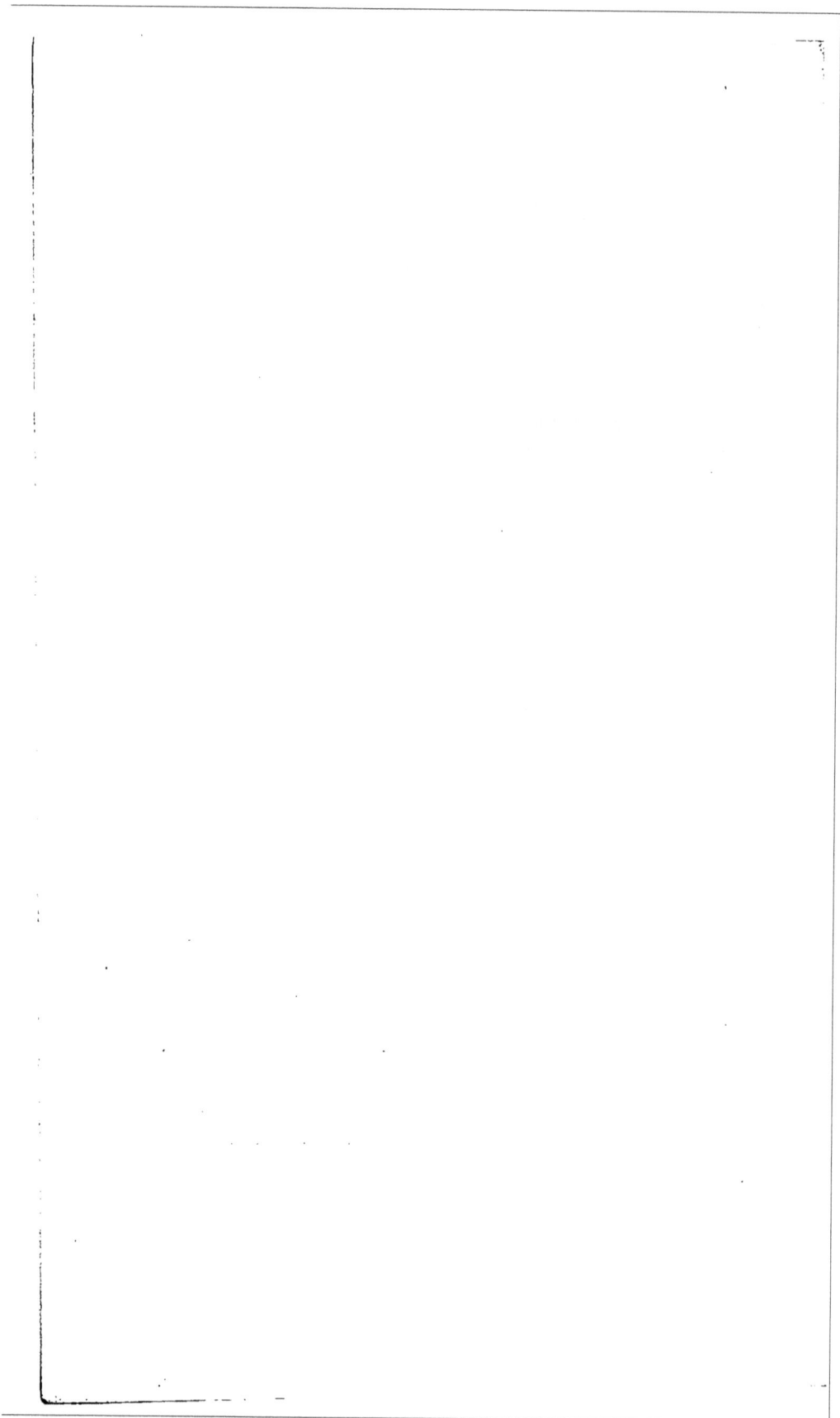

ADOPTION

DES

CAISSES DE SECOURS

DANS LES

Bataillons de Mobiles
et de Gardes nationaux mobilisés

DU NORD DE LA FRANCE.

————— ✺ —————

Le 12 décembre 1870, dans une réunion où se trouvaient M. le général Robin, son état-major, ainsi que les colonels et commandants des soixante bataillons de gardes nationaux mobilisés du Nord, M. le professeur Alfred Houzé de l'Aulnoit, membre administrateur du Comité central des blessés du Nord de la France, délégué pour la création des caisses de secours dans les bataillons des Mobiles et des Gardes Nationaux Mobilisés des départemants du Nord, du Pas-de-Calais, de l'Aisne et de la Somme, a été appelé à exposer le but et le fonctionnement des caisses de secours qui, dans chaque bataillon, doivent concourir, sous la direction d'un conseil de famille, à l'organisation de

2

l'ambulance, à améliorer les conditions hygiéniques des hommes en campagne et à assister, après la guerre, les blessés et les familles privées de leurs soutiens naturels.

Dès son entrée, M. le général Robin, commandant supérieur des gardes nationaux mobilisés du Nord, exprima, en quelques mots, le but de la mission du délégué du Comité central de secours et lui donna la parole :

« Ce n'est pas sans une certaine appréhension, dit M. le délégué, que j'ai accepté l'honneur que vous m'avez fait de venir au sein de votre brillante réunion, exposer le but de l'œuvre humanitaire qui vous est proposée. Quand on remplit une grande et belle mission et qu'on se trouve au milieu d'hommes de cœur, les tâches les plus lourdes deviennent faciles et agréables.

» Excusez-moi, Messieurs, de n'avoir pu tous vous visiter, l'ennemi est à nos portes, le temps presse, et chaque minute que nous perdons est de nature à diminuer et à paralyser nos moyens de défense. »

M. le Délégué a d'abord fait connaître que, par suite de l'investissement de Paris, le Comité central de secours aux blessés, présidé par M. de Flavigny et par M. le vicomte de Melun, vice-président, s'était vu dans la nécessité de se diviser et de confier à quelques Comités le soin de répartir les secours sur **toute** la surface de la France.

Le Comité du Nord, chargé du Nord de la France et composé de M. le comte de Melun, président, et de MM. Léonard Danel, Longhaye, Vente, Digard et Houzé de l'Aulnoit, pensant que le premier devoir de toute société, ayant pour mission de porter secours aux blessés, était de les faire arriver rapidement et en temps opportun, avait songé, dans sa séance du 28 novembre dernier, à la création d'une caisse de secours dans chaque bataillon des mobilisés, afin de permettre aux victimes de la guerre et aux témoins des infortunes de nos soldats, d'apporter eux-mêmes et instantanément le remède à côté du mal.

Le Comité, en proposant cette création, a la ferme conviction que tous les Comités de secours, ainsi que toutes les municipalités et les familles des mobilisés, lutteront de patriotisme et de dévouement, pour fournir à chaque caisse de secours de leurs bataillons respectifs, les ressources qui doivent améliorer et fortifier la santé de nos défenseurs.

Le Délégué donna ensuite lecture des statuts destinés à faciliter la surveillance et la distribution des fonds que chaque bataillon, à l'heure du danger, pourra trouver dans sa caisse de secours.

Des considérations dans lesquelles il est entré, il résulte que, tout homme blessé sur le champ de bataille et confié à de pauvres paysans, pourra obtenir, avec l'hospitalité, le soulagement que nécessitent impérieusement ses nobles blessures.

Une somme d'argent accordée par le conseil de famille, assurerait le traitement immédiat et permettrait de conjurer ces fâcheuses complications des premiers jours, plus terribles et plus meurtrières que les balles de l'ennemi.

« Une des applications les plus fécondes de la Caisse de secours, confiée à chaque bataillon, serait de faciliter en quelques heures, a ajouté M. le délégué, l'organisation de chaque petite ambulance, tout en lui permettant d'être renouvelée sitôt épuisée.

» Cette décentralisation de secours, portée à ces dernières limites, est de nature à parer à toutes les éventualités de la guerre et à ne pas laisser une infortune sans assistance et sans consolation.

» Que nos soldats aillent donc bravement au feu, la prévoyance les protége de son égide tutélaire et ils n'ont plus à craindre la faim et l'abandon, ces ennemis plus implacables que celui qu'ils combattent.

» Et la pensée de savoir, qu'après la guerre, s'ils sont blessés, ou si leurs familles restent sans soutien, leur canton tout entier, représenté par leur bataillon, assurera leur avenir, n'est-elle pas propre à redoubler leur courage?

» Quoi de plus consolant, pour eux, que de savoir qu'ils auront un jour comme soutiens et protecteurs leurs frères d'armes, qui auront assisté à leurs actions héroïques et auront pu apprécier leur vaillance ? »

Ce beau thème, exposé avec cœur et conviction de la part du délégué, a excité au sein de cette nombreuse et brillante réunion d'officiers supérieurs, de nobles sentiments d'intérêt et d'affection pour nos compatriotes ; des révélations instantanées de dons très-importants, faits à certaines caisses, ont prouvé que nos soldats ne pouvaient rien avoir à redouter sous la conduite de chefs dont la vigilance pour assurer leur bien-être, ne pouvait être surpassée que par le courage et le sangfroid devant l'ennemi.

M. le général Robin prit ensuite la parole et adressa, en termes élevés, des remercîments au Comité international. Il insista sur les services que le Comité s'était efforcé de rendre depuis le début de la guerre, à nos braves soldats. Puis, il fit ressortir les avantages que les caisses de secours procureraient à chaque bataillon. « J'approuve et j'autorise, ajouta M. le général Robin, la création des caisses de secours dans chaque bataillon des gardes mobiles et des gardes nationaux mobilisés de ma division, et j'engage MM. les commandants à se mettre immédiatement en rapport avec M. le docteur Houzé de l'Aulnoit, pour activer leur formation. J'espère que le Comité central de secours du Nord de la France fera sentir surtout les effets de sa générosité envers les caisses qui ne pourraient pas complètement se constituer, par suite de l'état de gêne de certains cantons, et je désire que les bienfaiteurs de l'œuvre restent inconnus de leurs subordonnés, convaincu que ceux qui donneront le moins, seront peutêtre ceux qui s'imposeront les plusgrands sacrifices. »

De si nobles pensées furent accueillies avec la plus vive approbation, de la part des nombreux colonels et des soixante commandants qui assistaient à cette belle et imposante réunion.

CAISSE DE SECOURS

du... Bataillon... Régiment.

STATUTS.

ART. 1ᵉʳ.

Une caisse de secours est instituée dans le ....
bataillon des gardes nationaux mobilisés (ou gardes
mobiles),....régiment, à l'effet :

1° De faciliter l'organisation et le fonctionnement
de l'ambulance et de fournir aux blessés tous les
soins possibles ;

2° D'augmenter le bien-être des hommes, soit
sur le champ de bataille, soit au camp, soit dans
les casernes.

ART. 2.

Cette caisse, créée par l'initiative de la Société de
secours aux blessés du Nord de la France, est
entretenue :

1° Par les souscriptions recueillies près des Comités de secours aux blessés, près des municipalités, des familles et des mobilisés du bataillon;

2° Par une retenue sur la solde, fixée par le conseil et acceptée par le bataillon.

Art. 3.

Un conseil, sous la présidence du commandant et composé du conseil d'administration du bataillon, augmenté de l'aide-major, est chargé de la direction et de la surveillance de la caisse, ainsi que de l'emploi des fonds.

Art. 4.

Aucune dépense ne peut être effectuée sans avoir été proposée par le commandant et votée à la majorité absolue des membres présents du conseil.

Art. 5.

Un minimum de 500 francs est consacré à la création de l'ambulance; elle est toujours pourvue avant toute autre dépense.

Art. 6.

Un trésorier nommé par le conseil est tenu de rendre compte de l'état de la caisse, au moins une fois par mois, et de joindre à ce compte, un inventaire du matériel de l'ambulance.

Art. 7.

Une copie des comptes du trésorier et de l'inventaire est envoyée tous les mois au Comité central de Lille, rue Royale, 95.

Il en est de même au sujet de toute difficulté ayant trait à l'interprétation des statuts qui est jugée en dernier ressort par le Comité.

ART. 8.

Après la paix, si le conseil l'approuve, la caisse continuera de fonctionner au sein du bataillon, dans l'intérêt des blessés, des malades ou des familles éprouvées par la guerre.

ART. 9.

En campagne et sur le champ de bataille, les ambulances doivent se prêter aide et assistance.

ART. 10.

Pour assurer le fonctionnement des statuts, il peut être fait dans chaque bataillon un règlement intérieur.

Vu et approuvé par le Comité central de secours aux blessés du Nord de la France, dans sa séance du 12 décembre 1870.

Ont signé :

MM. LONGHAYE.
Léonard DANEL.
VENTE.
DIGARD.

Le Président du Comité,
Comte DE MELUN.

Le Membre du Comité délégué pour la création des Caisses de secours des bataillons de mobiles et des gardes nationaux mobilisés du Nord de la France.

Alf. HOUZÉ DE L'AULNOIT.

3

La lettre suivante a été envoyée, par le Comité, à tous les commandants de bataillons de mobilisés.

Lille, le 12 décembre 1870.

MONSIEUR LE COMMANDANT,

La Société de secours aux blessés du Nord de la France, se préoccupant, au moment de votre prochaine entrée en campagne, des difficultés que vous pourriez rencontrer pour donner à vos blessés les soins nécessaires, par suite des ressources insuffisantes dont vous disposez actuellement, a l'honneur de vous engager à organiser, dans votre bataillon, une caisse de secours à l'aide de souscriptions volontaires, à l'effet d'assurer le fonctionnement de vos ambulances et de satisfaire à certaines conditions hygiéniques. Cette caisse, si vous le jugez convenable, serait dirigée, sous votre présidence, par le Conseil d'administration et le Médecin.

La Société ne doute pas, dans la fondation d'une semblable œuvre, que vous ne trouviez un concours très-actif de la part de quelques familles dont les enfants sont placés sous votre commandement.

Si, comme elle l'espère, vous reconnaissiez l'utilité de cette création, il serait indispensable, tout d'abord, d'assurer votre matériel d'ambulance, en l'approvisionnant, pour vos blessés et vos malades, d'appareils de chirurgie, d'instruments, de médicaments, de liqueurs réconfortantes, d'extrait de viande, d'essence de café au lait, de chocolat, de sucre, etc.

Dans le cas où vos ressources dépasseraient les dépenses exigées par votre ambulance, le Consei apprécierait s'il n'y a pas lieu d'affecter une parti des fonds disponibles, à procurer un bien-être relatif au bataillon, en lui fournissant quelques vivres, des tentes, des couvertures et d'autres effets de couchage.

Peut-être vous serait-il possible de secourir quelques familles de vos mobiles laissées dans la misère par le départ ou la mort de leurs soutiens naturels ?

Une si généreuse initiative de votre part, aurait pour conséquence d'augmenter l'union des hommes que vous commandez et de les rapprocher par des sentiments d'estime et d'affection.

Le même esprit de patriotisme les anime. Ils combattent pour la même cause, la défense de la patrie; tout doit leur être commun, la bonne comme la mauvaise fortune. Rien n'est plus propre à engendrer cette confiance réciproque, qu'un bienveillant et mutuel appui, afin d'adoucir les rigueurs de la guerre. Un des plus efficaces moyens d'obtenir un si beau résultat, est de faire appel au dévouement de chacun dans l'intérêt de tous.

Si vos officiers, avec votre assentiment, consentent à créer cette caisse de secours qui doit concourir à l'amélioration physique, morale et intellectuelle de votre bataillon, veuillez, Monsieur le Commandant, m'en donner avis, afin que je puisse transmettre votre décision à la Société de secours aux blessés du Nord de la France, qui sera heureuse de vous aider de tout son pouvoir.

Agréez, etc.

Alf. HOUZÉ DE L'AULNOIT.

Membre du Comité de secours aux blessés du Nord de la France, délégué pour la création des Caisses des secours dans les bataillons des Mobiles et des Gardes Nationaux Mobilisés.

14, square Jussieu, Lille.

Le Président du Comité,

Comte DE MELUN.

(Toute souscription recueillie dans chaque canton, doit être versée directement dans la caisse du bataillon de ce canton, par l'intermédiaire de la personne désignée par M. le Commandant).

Cas dans lesquels la Caisse de secours est appelée à exercer son influence salutaire sur un bataillon de mobilisés en campagne.

Nous croyons utile, pour faire mieux comprendre les immenses avantages que les Caisses de Secours sont appelées à rendre à nos Mobiles et à nos Mobilisés, de citer quelques exemples dans lesquels, les Commandants, avec le concours du Conseil d'administration de leurs bataillons respectifs, seraient à même d'adoucir le sort de nos jeunes défenseurs, soit en campagne, soit dans les camps, sans être obligés de s'adresser à l'autorité supérieure et de perdre ainsi un temps précieux, irréparable au point de vue des misères qui ne peuvent être soulagées qu'à la condition d'être combattues dès leur apparition.

Des blessés sont-ils ramassés sur le champ de bataille et confiés à de pauvres paysans sans ressource? Le Conseil de famille tout aussitôt intervient et décide qu'une somme d'argent sera remise pour faire face aux dépenses et venir en aide à la pauvre, mais généreuse hospitalité de nos campagnards.

Ces premiers secours permettent de donner, pendant les jours qui suivent la bataille, ces soins qui doivent assurer une prompte convalescence et permettre, plus tard, le transport des blessés dans de grands hôpitaux.

Le bataillon est-il en marche, et quelques hommes sont-ils atteints d'affections graves? Avec la Caisse de Secours, on peut louer quelques voitures et faciliter ainsi l'arrivée de ces malheureux jusqu'à l'ambulance.

Les vivres font-ils défaut? Les soldats sont sur le point, pour trouver quelques aliments, de se débander et de se disperser dans des villages voisins. Grâce à la Caisse de Secours, on leur procure un repas réconfortant et substantiel : l'hygiène est sauvegardée et avec elle la discipline, cette base du succès.

Habite-t-on une caserne, par un froid intense, alors qu'on n'a ni poële, ni charbon? En quelques heures, la Caisse de Secours aidant, les feux sont partout allumés. Que de temps n'aurait-on pas perdu, s'il avait fallu s'adresser à l'intendance!

Les hommes ont-ils à se plaindre de l'insuffisance du couchage? Tout aussitôt on leur procure des couvertures.

La Caisse pourra acheter à nos Mobiles et à nos Mobilisés ces mille petits riens, qui rendent la vie pénible quand ils font défaut : ainsi le savon, la lumière, etc.

Enfin, la plus belle mission de ces caisses est de venir en aide après la guerre aux familles laissées dans la détresse par le départ ou la mort de leurs soutiens naturels.

Que les jeunes gens privilégiés de la fortune s'intéressent à cette belle création, ils deviendront la providence de leurs compagnons d'armes et receuilleront autour d'eux de bien grandes joies: l'amour et l'estime de leurs nouveaux frères.

On prétendait qu'en Angleterre, une semblable œuvre arriverait, en peu de mois, à un grand état de prospérité; c'est vrai, mais ce que les Anglais pourraient faire, prouvons par l'association et la mutualité que nous ne leur sommes pas inférieurs.

Que l'initiative individuelle remplace l'intervention de l'État, et que la décentralisation des secours permette à tout homme malade de trouver instantanément des consolations pour dissiper ses douleurs morales, et des soins appropriés à ses souffrances physiques.

Modèle d'un matériel d'ambulance proposé par le Conseil de secours aux blessés, pour un bataillon de mobilisés, susceptible d'être placé sur les côtés d'un cheval et destiné à suivre la colonne en marche.

Le Comité de secours aux blessés du Nord de la France, pour faciliter la prompte organisation d'une petite ambulance de bataillon, a pensé qu'il diminuerait les préoccupations que doivent éprouver nos chirurgiens à la veille d'entrer en campagne, en leur soumettant ce projet de matériel très-suffisant pour porter les premiers secours aux militaires qu'ils sont chargés de soigner.

Ce matériel peut être acheté en quelques heures, et le prix, d'après le devis qui s'y trouve aunexé, ne dépassera guère la somme de 500 francs, accordée par l'article V des statuts des caisses de secours, et prélevée avant toute autre dépense.

Boîte N° 1. — OBJETS DIVERS.

12 Feuilles de plomb....................	1	50
2 Bassins en zinc.....................	1	»
1 Seau.............................	1	»
2 Gobelets en ferblanc	»	50

4 Éponges fines..............	6	»
6 Éponges ordinaires...........	3	»
1 Seringue en étain.............	3	»
1 Irrigateur de 500 grammes.........	16	»
6 Tabliers pour les chirurgiens........	18	»
2 Pantalons en toile.............	6	»
4 Draps communs..............	20	»
4 Serre-tête en tissu de coton.........	4	»
10 Petits coussins carrés...........	5	»
30 Coussins pour fractures...........	7	50
4 Couvertures de laine...........	40	»
1 Lampe à alcool.............	2	50
2 Civières se roulant sur elles-mêmes ...	40	»
2 Alèzes en caoutchouc et 6 mètres de taffetas gommé	34	»
2 Filtres en laine pour eau et café.......	»	75
2 Cerceaux mobiles.............	1	»
6 Essuie-mains	3	»
2 Flambeaux	1	60
	215	35

Boîtes Nᵒˢ 2 & 3. — APPAREILS ET INSTRUMENTS.

Appareils.

3 Gouttières brachiales en zinc avec liens en tissu caoutchouc (données par le Comité central.................

60 Attelles de bois, dont 20 pour le bras et l'avant-bras, 10 pour la jambe, 10 pour la cuisse et 20 petites de toutes dimensions .... 9 »

6 Bandages de corps en toile.........

5 Appareils de Scultet ....

200 Bandes simples...................

20 Bandes préparées au plâtre.........

200 Compresses diverses...............

50 mètres cordon plat (ruban de fil de
0,028 millimètres de large.........   **4**   »

5 Kilos de charpie..................

15 Feuilles de ouate   15   ›

6 Paquets fil gris pour ligatures ....   » 50

                                           28 50

Les Comités de secours sont à même de fournir les objets dont les prix ne sont pas indiqués.

Instruments.

1 Sac de chirurgie contenant :

1 Scie avec lame de rechange. . . . .   »   »

3 Couteaux à amputations, un grand et
2 moyens dans leur gaîne . . . .   »   »

1 Tire-balle . . . .   »   »

3 Pinces à artères, coniques, à verrous   »   »

2 Compresseurs. . . . .   »   »

3 Paires ciseaux, droits et courbes. .   »   »

1 Ténaculum . . . .   ›   »

4 Sondes élastiques avec mandrins. .   ›   »

1 Sonde œsophagienne. . . . .   »   »

1 Pince coupante pour esquilles.......   »   »

12 Aiguilles courbes . . . .   ›   »

500 Épingles de diverses grandeurs. . .   »   »

1 Clef de Garengeot. . . . .

6 Serre-fines . . . .   » »

2 mètres de tubes à drainage. . . . .   » »

1 Seringue de Pravaz, pour injections
    sous-cutanées. . . . .   » »

2 Bistouris. . . . .   » »

1 Porte-crayon de nitrate d'argent. . .   » »

Un fabricant anglais s'est engagé à livrer ces ins-
    truments moyennant 120 fr., avec le sac et
    emballage.

Boîte N° 4. — MÉDICAMENTS.

1 flacon vinaigre de sel anglais.

1 Solution de chlorhydrate de morphine pour
    injections.

300 grammes cérat blanc.

200 pilules d'opium, à 0,02.

100 grammes de laudanum de sydenham.

1 litre de chloroforme en 10 flacons.

150 grammes d'éther sulfurique en 3 flacons.

12 Papiers sinapisés de Rigollot.

30 grammes de sulfate de quinine.

200 pilules de 0,25 de diascordium.

50 grammes de sous-nitrate de bismuth.

2 litres alcool à 86°.

500 grammes de camphre.

300 grammes de perchlorure de fer.

40 grammes d'alun calciné.

500 grammes de sulfate de magnésie.

150 grammes d'une solution d'acide phénique
    au 1/10.

100 grammes d'amadou.

50 grammes d'ammoniaque liquide.

120 grammes de collodion.

1 flacon de crayons de nitrate d'argent.

30 grammes de teinture d'iode.

50 grammes d'amadou hémostatique en 5 boîtes.

Orge	2 kilogr.
Farine de lin,	1 —
Chiendent,	1 —
Réglisse,	500 grammes.
Cire jaune,	2 tablettes.

Taffetas anglais, quelques feuilles.

Diachylon,	5 rouleaux.
Poudre d'amidon,	200 grammes.
Styrax,	150 —
Glycérine,	200 —
Onguent mercuriel,	300 —

25 paquets contenant chacun un gramme d'ipéca et 0,05 d'émétique.

Plâtre,	1 kilo.
Dextrime,	500 grammes.

Un pharmacien de Lille, dont le désintéressement est connu, s'est engagé à livrer tous ces médicaments emballés dans une boîte, moyennant la somme de 90 francs.

Boîte N° 5. — SUBSTANCES ALIMENTAIRES ET AUTRES.

10 pots de Liébig.	17	50
6 Flacons d'essence de café au lait. . . .	9	»

3 Bouteilles de cognac dans une potiche
en fer-blanc.   7   »

Chocolat, 5 kilogr.   14   »

Tapioca, 8 paquets   8   »

Sucre blanc, 3 kilogr.   4   50

Biscuits anglais, 2 kilogr.   3   »

Café moulu, 2 kilogr.   6   »

Bougies, 7 paquets.   8   40

Tabac, 2 kilogr. à 2 fr. 50.   5   »

Allumettes.   1   »

Thé.   4   »

Sel, 500 grammes . . . .   »   25

Savon de Marseille, 1 kilo.   1   »

TOTAL. 88 65

En additionnant les sommes mentionnées à ces divers chapitres, on obtient :

I. — Objets. 215 35

II. — Appareils 28 50

III. — Instruments. . . . .   115 »

IV. — Médicaments . . . .   90 »

V. — Substances alimentaires. . . .   88 65

TOTAL. 537 50

Pour faciliter le transport de l'ambulance, il serait nécessaire que le conseil de famille décidât l'achat d'un cheval ou d'un mulet dont l'entretien serait à la charge de la caisse de secours.

Il serait utile, en outre, qu'un infirmier portât un havre-sac, dont l'intérieur est divisé en plusieurs compartiments en fer-blanc et fermant au moyen d'un cadenas. Au-dessus du havre-sac, serait placé un rouleau en fer-blanc, également cadenassé, recouvert d'un étui en coutil rayé, doublé d'une toile imperméable. Ce rouleau remplace sur le sac l'étui d'habit du soldat. Le sac entier est conforme pour le poids et les dimensions à celui de l'infanterie; cet infirmier suivrait, pendant les marches, l'aide-major, et mettrait ainsi à sa disposition les objets de première nécessité, en cas d'accidents légers.

Ce matériel, pour un bataillon en marche, peut être placé dans des paniers, ou sur des crochets aux flancs d'un cheval. Les crochets seraient préférables, car on pourrait les utiliser, après le combat, pour le transport des blessés.

Le tout serait protégé contre la pluie, par une toile cirée.

Le Comité central, en publiant ce projet de matériel d'ambulance, a eu pour but de venir en aide aux médecins des Mobilisés et de prouver qu'avec une somme de 5 à 600 francs, la caisse de secours adoptée dans tous les bataillons pourra facilement assurer le service de santé.

M. Alfred Houzé de l'Aulnoit, membre du Comité central de secours aux blessés, est spécialement chargé de faciliter, dans les bataillons des mobilisés, l'organisation immédiate des ambulances, conformément au modèle ci-dessus proposé.

S'adresser pour tous renseignements, 14, square Jussieu, Lille.

RAPPORT GÉNÉRAL

PRÉSENTÉ

AU COMITÉ CENTRAL DE SECOURS AUX BLESSÉS

SUR LE

Fonctionnement des Caisses de Secours dans le Nord
de la France, depuis le 12 décembre 1870, époque de leur
création, jusqu'au 16 janvier 1871,

PAR

M. LE DOCTEUR HOUZÉ DE L'AULNOIT,

Membre administrateur du Comité,
et Délégué pour la création des caisses de secours des Mobilisés.

Les résultats obtenus pendant les cinq semaines
qui se sont écoulées depuis que le Comité central de
secours aux blessés du Nord de la France a proposé
la création d'une Caisse de secours dans chacun des
bataillons de Mobiles et de Mobilisés des départements du Nord, du Pas-de-Calais, de l'Aisne, de
l'Oise et de la Somme, sont d'une telle importance
que je crois de mon devoir de lui exposer ce qui a
été accompli et ce qui lui reste à faire pour permettre
à son œuvre de fonctionner, dans l'avenir, d'une
manière utile et régulière, en faveur de nos Mobilisés et surtout de nos blessés.

Ce compte-rendu lui permettra d'apprécier, à sa
juste valeur, le puissant concours qu'il a rencontré,
et sera de nature à procurer une légitime satisfaction
aux personnes qui l'ont aidé dans sa mission phi-
lanthropique.

A son appel, ont répondu, apportant le tribut de leur influence, de leurs sympathies et de leur générosité, presque tous les grands corps organisés de notre département : Autorités militaires et administratives, Municipalités, Comité central de secours aux blessés, Sociétés savantes, Comice agricole, Chambre de commerce, Commission départementale, Association des médecins, et tous les notables de notre pays.

C'est pour nous un devoir de mentionner parmi les plus importantes souscriptions versées à notre caisse, celles de MM. les Administrateurs du Crédit Industriel et de la Banque de France, MM. le Prince de Montmorency, le comte de Melun, Crespel, Des Rotours, Loyer, Descamps-Crespel, Émile Schotsmans, Jules Brame, Pouillet-Longhaye, le comte Déliot, E. Descamps, Groulois, Bonnefoy, Directeur du théâtre, Laurand, le personnel de l'usine de Fives, et Mesdames Long et Desmazières-Drino, etc.

Vous savez quelle part active ont prise à l'origine de notre œuvre MM. les Généraux de notre armée, M. le Préfet du Nord et M. le Sous-Préfet de Douai. L'expression de notre profonde et respectueuse gratitude est acquise à ces hauts fonctionnaires.

Parmi les Municipalités, nous sommes heureux de pouvoir citer celle de la ville de Douai, qui a voté 5,000 francs, celles du canton de La Bassée et d'Armentières qui ont souscrit 20 francs à chaque homme de leurs communes sous les drapeaux, celles du canton de Seclin qui ont versé 15 frans par homme, et celles des cantons de Cysoing et de Pont-à-Marcq qui se sont imposées à raison de 10 francs.

La municipalité d'Arras doit suivre de si beaux exemples, et M. le Maire de cette importante cité, nous a assurés que nous pouvions compter également sur son concours.

Dans cette énumération, nous regrettons de ne pouvoir porter à votre connaissance les décisions prises par un très-grand nombre de communes dont les noms ne nous sont pas encore parvenus, et qui ont pensé que c'était pour elles un devoir de prouver à nos jeunes Mobilisés, qui sont à la fois leurs concitoyens et leurs contribuables, que si elles ne peuvent partager, sur le champ de bataille, leurs périls et leurs misères, elles sont cependant près d'eux par la pensée.

De toutes nos sociétés savantes, la Société des Sciences, des Arts et de l'Agriculture de Lille qui, comme vous le savez, occupe le premier rang par l'intelligence et la vaste érudition de ses membres, est également celle qui, par un noble mouvement de généreuse spontanéité, a entraîné après elle ses sœurs des arrondissements voisins.

Un tel encouragement a eu pour conséquence de subjuguer les petites et misérables oppositions qu'éprouvent, même de leurs concitoyens, les hommes qui aspirent à faire le bien, en prenantpour seul point d'appui, la confiance que donnent l'amour de l'humanité, le travail persévérant et une volonté énergique.

L'espoir de la Société des Sciences, des Arts et de l'Agriculture de Lille, n'a pas été déçu, et, autour d'elle, se sont groupées notre Société de Médecine et la Société des Lettres, des Arts et des Sciences de Valenciennes, de cette ville qui, dans chacun de ses lauréats de Paris et de Rome, retrouve une preuve de sa généreuse protection, pour tout ce qui élève l'âme, rapproche les cœurs et étend le cercle de nos connaissances intellectuelles.

S'il fallait traduire par des chiffres, les élans de charité que notre œuvre a soulevés dans notre département du Nord et dans une partie des départements voisins, nous ne craindrions pas d'être taxé d'exagération, en affirmant que plus de huit cent mille francs ont été versés dans nos caisses de secours. Celles de Tourcoing comptent déjà plus de quarante mille francs provenant de souscriptions privées et celles d'Armentières plus de vingt-cinq mille francs. Nous ne saurions trop féliciter les membres actifs qui composent ces Comités, à la tête desquels se trouvent : à Tourcoing, M. Scalabre-Delcourt et à Armentières, M. Auguste Mahieu.

Des remerciements doivent être adressés aux Comités des Dames de Lille et de Douai, qui ont déjà fait parvenir près de 10,000 vêtements aux caisses de secours de leurs Mobilisés.

On peut être certain que leur généreux dévouement croîtra avec nos besoins.

Roubaix, tout occupé de sa grande ambulance, n'a pas encore parlé. D'ici peu de jours nous comptons que ses efforts seront, pour ses caisses de secours, à la hauteur de ceux de Tourcoing et des villes voisines.

Nous avions limité notre œuvre aux cinq départements du Nord de la France, ce n'est pas sans une certaine satisfaction que nous avons constaté qu'elle a franchi la surface de notre vaste circonscription et qu'elle fonctionne déjà dans d'autres départements. Ainsi celui de la Marne, sous la puissante impulsion de M. Rœderer, de Reims, s'organise également, malgré les charges imposées par l'invasion.

Que les Comités cantonaux redoublent donc de zèle et d'ardeur devant de si beaux résultats obtenus surtout dans notre département, et qu'ils se persuadent que leur mission déjà si belle pendant la guerre deviendra bien plus importante quand la France aura recouvré la paix. — Ils auront à soulager bien des veuves et des orphelins ; et c'est sur eux que comptent les nombreux mutilés, qui auront versé leur sang pour la défense du pays. — L'importance des souscriptions ne doit pas les arrêter, car après avoir assuré un bien être momentané à leurs Mobilisés, leur devoir est de conserver précieusement l'épargne que chacun s'impose généreusement pour l'avenir, auquel on n'ose songer sans effroi.

C'est ce que ne comprennent pas certaines communes qui préfèrent envoyer directement à leurs enfants leurs souscriptions, plutôt que de les verser dans la caisse du canton. Il en résulte qu'elles reçoivent des autres communes et ne rendent rien.

Qu'elles veuillent bien penser que dans un bataillon en campagne, tout est commun ; sur le champ de bataille, règne la plus sincère fraternité, et ce n'est pas après avoir partagé les mêmes périls que leurs concitoyens consentiraient à jouir d'un bien-être dont les autres seraient privés. Qu'elles daignent surtout réfléchir que depuis un mois que les caisses de secours fonctionnent, d'importants versements ont été opérés par les autres communes de leur canton et que sur ces versements, tous indistinctement ont été admis à en profiter.

Il pourrait y avoir, même en maintenant leurs décisions, préjudice pour elles, car elles perdraient alors le droit de participer au partage proportionnel des sommes versées dans la caisse générale, en faveur du département tout entier, ou de certains arrondissements.

De plus il serait de leur intérêt de songer qu'à une institution qui doit surtout fonctionner utilement après la guerre, elles substituent une œuvre essentiellement éphémère, oubliant ainsi les nombreuses victimes qu'elles devront plus tard soulager.

Du reste, les Colonels et Commandants auxquels votre Délégué a fait connaître cette décision de quelques communes, lui ont déclaré qu'ils n'autoriseraient pas des dons faits à quelques compagnies, et que, toute souscription perçue dans un canton devrait être versée dans la caisse de secours pour être distribuée d'une manière égale.

Ces simples considérations suffiront, tel est notre espoir, pour mettre fin aux difficultés bien involontaires que certaines municipalités apportent à la réalisation d'une création susceptible d'exercer une si heureuse influence sur le sort des habitants de tout un canton, et loin d'être lésées, leurs communes qui, en général sont les plus pauvres y gagneront, puisqu'elles recevront l'aide des villes fortunées qui les entourent et dont le concours puissant leur est assurée par notre organisation.

Un point capital et sur lequel nous croyons devoir insister : bien des comités cantonaux ne font pas intervenir dans la répartition de leurs souscriptions leurs mobiles. Ce sont pourtant des enfants du pays. Ils ont leur part de fatigues et de misères. Parcequ'ils appartiennent, pour un même bataillon, à 3 ou 4 cantons, ce n'est pas un motif pour les priver de tout secours. Ils doivent avoir une part proportionnelle à leur nombre d'hommes. Ainsi qu'un canton recueille 12,000 francs, s'il a un bataillon entier de Mobilisés et que son bataillon de Mobiles appartienne à trois cantons, on devra verser 9,000 francs dans la caisse des Mobilisés et 3,000 francs dans celle des Mobiles.

Les deux autres cantons voisins agissant de même

et versant chacun 3,000 francs, le bataillon des Mobiles aura ainsi, comme les Mobilisés, 9,000 francs dans sa caisse de secours.

Mais, dira-t-on, quelques mobilisés sont versés d'un bataillon dans un autre ; peu importe, ceux qui quittent un bataillon devant, en arrivant dans celui où on les verse, être secourus par une caisse égale à celle qu'ils abandonnent. En rentrant dans leurs foyers, ils retrouveront leurs droits et s'ils sont blessés ou s'ils laissent une famille sans appui, l'argent, qu'aura conservé le comité cantonal, servira à adoucir leurs infortunes et leur sera distribué comme s'ils n'avaient jamais cessé de faire partie de leur bataillon.

Une entrave légère, au parfait fonctionnement de l'œuvre, provient des commandants qui n'ont pas encore nommé leurs correspondants. Ils doivent se hâter de choisir pour les représenter un parent ou un ami ; attendu que c'est cette personne qui sera chargée tout à la fois de servir de trait-d'union entre le bataillon et le canton et d'activer la formation du comité. C'est elle également qui devra leur faire parvenir une partie des sommes souscrites ou transformer l'argent en matériel, sur la demande du conseil de famille, ainsi que l'exigent les articles III et IV des statuts.

En présence de l'imposant concours qui a été accordé à notre œuvre, il est nécessaire, pour justifier tant de sympathies, de faire connaître ce que le comité central a fait et ce qui lui reste à obtenir pour être à la hauteur de la belle mission qu'il a entreprise.

Les caisses de secours fonctionnent à peine depuis un mois, et ont eu pour conséquence, par leur parfaite organisation, de ranimer le zèle et la bienfaisance des personnes qui désirent que leurs dons soient distribués avec ordre et arrivent rapidement à leurs destinataires. — Déjà plus de 50 bataillons les ont adoptées et ont envoyé leur adhésion à ses statuts. Parmi ces adhésions, se trouvent celles des bataillons des arrondissements de Lille, Douai, Valenciennes, Hazebrouck, Cambrai et Dunkerque.

Si nous en comptons peu de l'arrondissement d'Avesnes, c'est que nous n'avons pas pu, à cause de l'éloignement, joindre MM. les Commandants.

Un très grand nombre de caisses fonctionnent dans des bataillons du Pas-de-Calais, de l'Aisne et de la Somme. — Quelques unes sont même organisées dans certains départements qui ne se trouvent pas sous l'influence bienfaisance du Comité central de secours aux blessés du Nord de la France.

Grâce aux 500 francs privilégiés par l'article V des statuts, en faveur du petit matériel d'ambulance portative, nous avons pu le faire parvenir, en l'espace de quelques jours, à 23 bataillons qui nous l'avaient demandé.

D'autres bataillons l'ont directement acheté sans recourir à notre obligeance. Pour faire rapidement cet achat avant leur entrée en campagne notre modèle, publié à la suite de notre brochure sur le but et le fonctionnement des caisses de secours, leur a été d'une très-grande utilité.

Nous n'avons pas craint, quoique plusieurs caisses ne fussent pas encore alimentées par des souscriptions, de leur en faire l'avance, convaincu que l'argent ne leur ferait pas défaut, et qu'avec les premiers fonds recueillis par leurs comités, elles rembourseraient à la caisse générale de l'arrondissement de Lille les petites sommes que nous leur avançions.

C'est ainsi que, sans sucune appréhension, nous avons pourvu des bataillons des arrondissements de Douai, Valenciennes et Hazebrouck.

Il nous manquait des instruments de chirurgie ; avec l'autorisation du Comité, nous en avons fait venir d'Angleterre vingt sacs tellement complets, qu'un seul pourrait suffire pour un régiment tout entier.

En les confiant à quelques bataillons, notre but a été de les répandre, afin qu'on pût en trouver partout où une opération importante serait jugée indispensable. A la rigueur, de simples trousses de 60 à 70 fr. suffiraient à nos jeunes médecins. Les autres boîtes du matériel, préparées par des personnes intelligentes et généreuses, qui ne comptent ni leur temps ni leur peine, peuvent être fournies en l'espace de quelques heures.

Ce n'est pas sans éprouver de grandes difficultés qu'il nous a été possible de faire arriver tout ce matériel et de nombreux vêtements à nos nombreux bataillons ; nos troupes étant disséminées, il a fallu les convoyer. Votre délégué n'a voulu se reposer sur personne de ce soin, et, à cet effet, il s'est transporté à Douai, à Arras, à Corbie et à Lahoussoye.

Il se félicite de la peine que cet excès de précaution lui a occasionnée, parce qu'elle lui a permis d'assister inopinément, le 23 décembre dernier, au combat de Pont-Noyelles, d'y opérer de nombreux blessés à l'ambulance militaire, et de se rendre compte des améliorations que le Comité devrait faire subir au fonctionnement des petites ambulances, pour les mettre à-même de rendre de très-grands services.

En général, nos batailles se prolongent bien après la chute du jour, et quand les deux armées conservent leurs positions à proximité l'une de l'autre, on se trouve dans l'impossibilité d'aller ramasser les blessés. On nous en a amenés, sur quelques cacolets, en assez grand nombre ; mais qui pourrait assurer que tous ont été relevés ?

Si nous avions possédé de nombreux moyens de transport, on aurait peut-être compté le lendemain bien moins de victimes sur le champ de bataille.

Tout le monde est d'accord pour avouer que la durée de la lutte qui continue même malgré l'obscurité, et l'étendue de terrain que nos troupes sont obligées d'occuper pour ne pas être mitraillées par les armes si destructives actuellement adoptées, offrent des obstacles sérieux à l'enlèvement des blessés.

Si nous voulons que notre concours soit réellement actif, il faut de toute nécessité que derrière chaque bataillon, se trouvent de nombreux moyens de transport, afin qu'un homme, sitôt blessé, puisse être enlevé et conduit à l'ambulance divisionnaire, ou à une des ambulances volantes placées à un kilomètre ou deux du champ de bataille. A cet effet, on doit accorder à chaque bataillon un cheval porteur de deux crochets, susceptibles d'être transformés en cacolets.

Que 40 bataillons soient engagés sur une étendue de deux ou trois lieues, 80 soldats, mis dans l'impossibilité de marcher, pourront être emportés en un seul voyage.

De plus, il faut, qu'outre son cheval, chaque bataillon possède au moins deux civières, à l'aide desquelles ou pourra encore ramener un égal nombre de blessés graves.

On aurait donc pour 40 bataillons 160 moyens d transport, et il serait facile de faire plusieurs voyages pendant la durée d'un combat.

Les Prussiens sont si bien organisés qu'ils emportent, non seulement leurs hommes, mais même les nôtres; ce qui m'a été assuré par un jeune mobile atteint d'un coup de feu, et que je convoyais dernièrement d'Arras à Béthune.

« Sitôt blessé, me disait-ils, quatre infirmiers

Prussiens se sont approchés de moi et ont voulu me relever, mais comme je ne pouvais marcher, ils m'ont laissé retomber, regrettant de ne pouvoir me porter secours et ont enlevé plusieurs de mes camarades en état de les suivre; d'ici peu de jours, ils seront guéris et resteront prisonniers entre leurs mains. »

On comprendra facilement qu'un tel résultat doit être une cause d'affaiblissement pour notre armée.

Il est indispensable d'y obvier. En conséquence, Votre Délégué a cru faire une chose utile en étudiant quelle forme on pourrait donner aux crochets destinés à porter le petit matériel d'ambulance du bataillon afin qu'on pût les faire servir à l'usage des cacolets.

Bientôt il sera en mesure de vous en soumettre le modèle et les fera photographier, si vous les adoptez, afin que nos jeunes médecins puissent en faire faire de semblables partout où ils se trouveront.

Une des conditions de succès, est le bon marché et la légèreté; ceux en question ne couteront, avec le bât et les courroies, qu'une trentaine de francs.

Les civières sont lourdes, il y aurait lieu de les transformer; c'est ce qui fera l'objet d'une étude ultérieure de la part de votre délégué.

Le comité recommande d'une manière d'autant plus pressante l'utilité de faire suivre le bataillon en marche d'un cheval avec ses crochets, que s'il en est privé, l'important matériel que nous avons fourni à 23 bataillons, au lieu de concourir à sauvegarder la santé de nos Mobilisés, deviendrait une gêne pour la marche de la colonne. Dès lors, le but que le comité s'était proposé en créant les petites ambulances portatives ne serait pas rempli.

Si l'autorité ne peut fournir les chevaux, il y a absolue nécessité d'en acheter un dans chaque bataillon sur les fonds de la caisse. Une somme de 150 à 200 francs suffirait pour l'acquisition d'un cheval d'un certain âge, toujours assez agile pour suivre au pas.

Notre œuvre, par son organisation simple mais régulière, n'a pas soulevé jusqu'à ce jour la plus légère objection, et partout où je me suis présenté, soit dans les comités, soit au sein de nos bataillons, j'ai acquis la preuve qu'elle était l'objet d'une très-vive sympathie.

Elle permet, en effet, de faire arriver promptement les secours, et son fonctionnement prévient le désordre, qui annihile les plus belles institutions, paralyse les efforts et ne répond pas aux généreux sacrifices que s'imposent les hommes de cœur toujours prêts à venir au secours de l'humanité souffrante.

Le compte-rendu qui vous sera envoyé chaque mois de l'état des caisses, aura surtout pour conséquence de ralentir les envois aux caisses fortunées, et d'activer en faveur des autres le zèle des comités cantonaux.

L'état de l'inventaire de l'ambulance qui devra y être joint, permettra au Comité de connaître l'insuffisance des ressources et d'y obvier en puisant dans ses réserves le linge, les bandes et la charpie qui lui seront demandés.

Pour que l'autorité supérieure n'ignore pas les besoins de notre armée, une copie de cet inventaire lui sera immédiatement adressée par les soins du Comité central.

Quant à nous, nous espérons voir bientôt approcher le moment où les Comités seront suffisamment organisés pour pouvoir se passer de notre intervention.

Il nous restera la satisfaction d'avoir été utile à nos concitoyens, et d'avoir apporté notre faible tribut à l'humanité, en lui conservant des hommes mutilés par la guerre mais encore susceptibles de lui rendre d'éminents services, et qui resteront comme un témoignage sinon de notre gloire, du moins de notre héroïque défense.

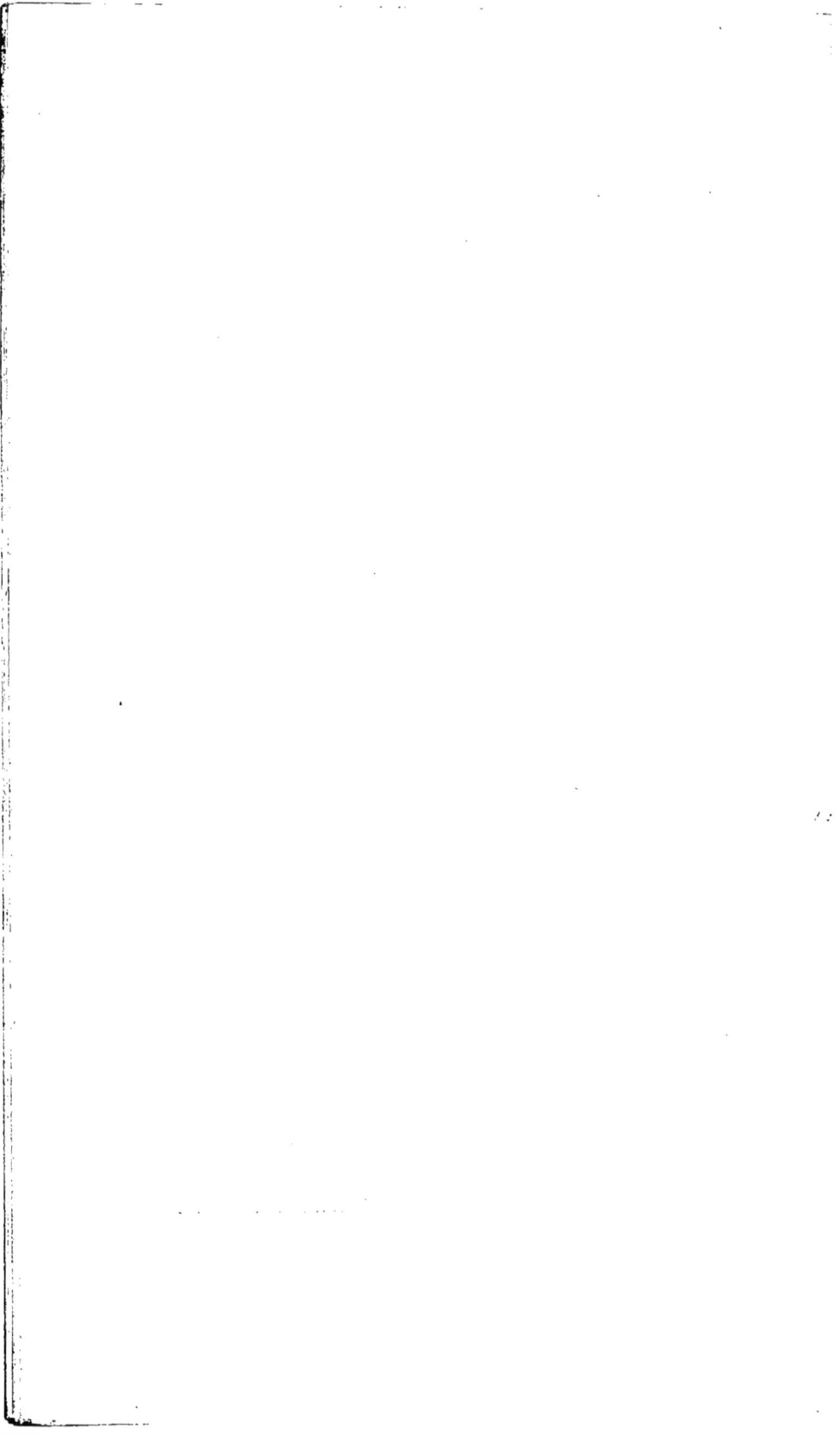

APERÇU

PRÉSENTÉ

AU COMITÉ CENTRAL DE SECOURS AUX BLESSÉS

sur l'état des Caisses de secours au 15 mars 1871,
et sur leur nouveau mode de fonctionnement,

PAR SUITE DU LICENCIEMENT DES MOBILISÉS,

PAR

M. LE DOCTEUR HOUZÉ DE L'AULNOIT,

Vice-Président et Délégué pour la création des Caisses de Secours des
Mobilisés du Nord de la France.

Le Comité central, en créant le 12 décembre 1870, des Caisses de secours dans les bataillons des Mobilisés de l'armée du Nord, s'était proposé de permettre, à l'aide de souscriptions recueillies dans chaque canton des cinq départements du Nord, de faciliter l'achat immédiat du petit matériel d'ambulance portative de chaque bataillon et d'améliorer les conditions hygiéniques des hommes en campagne.

En prévision d'une paix prochaine, il avait eu soin de mentionner, dans les Statuts, soumis à l'approbation des Conseils d'administration, qu'après la guerre, l'argent qui resterait en caisse servirait à soulager les blessés et à venir en aide aux familles privées de leurs soutiens naturels.

Tout en activant la formation instantanée du matériel des petites ambulances, le Comité a pu fournir en outre à chaque Commandant les moyens de prendre immédiatement soin de ses blessés et de diminuer par l'achat de vêtements, de vivres et de réconfortants, les misères qui devaient assaillir nos combattants dépourvus, par la rapidité de leur organisation, des immenses ressources mises en général à la disposition d'une armée régulière bien équipée et convenablement approvisionnée.

Avec la fin de la guerre et le licenciement des Mobilisés, commence pour le Comité central l'accomplissement de la dernière tâche qu'il s'était imposée.

Faire servir l'argent que possèdent aujourd'hui les Caisses de secours à alléger les nobles infortunes des hommes qui, en rentrant dans leurs foyers, blessés, malades ou ayant perdu la position qu'ils occupaient avant leur appel sous les drapeaux, vont se trouver pendant plusieurs semaines et peut-être plusieurs mois, dans l'impossibilité de suffire à leurs besoins et à ceux de leurs familles : tel doit être maintenant le but de ses efforts.

En effet, une nouvelle lutte se prépare pour quelques-uns de nos chers concitoyens, non moins cruelle que celle qu'ils viennent d'éprouver en marchant à l'ennemi ; lutte qui chaque jour se représentera avec ses impérieuses exigences et qui durera jusqu'à ce que chacun ait retrouvé, avec la santé ébranlée par les derniers combats, la carrière à laquelle il a été brusquement arraché.

C'est actuellement que vont se justifier les sages conseils que nous émettions au mois de janvier dernier, dans notre compte rendu général sur le but et le fonctionnement de l'œuvre. (1)

« Que les Comités cantonaux, disions-nous, redoublent de zèle et d'ardeur, et qu'ils se persuadent que leur mission déjà si belle pendant la guerre, deviendra bien plus importante quand la France aura recouvré la paix. Ils auront à soulager bien des veuves et des orphelins, et c'est sur eux que comptent les nombreux mutilés qui auront versé leur sang pour la défense du pays.

L'importance des souscriptions ne doit pas les arrêter, car après avoir assuré un bien-être momentané à leurs Mobilisés, le devoir de ces comités est de conserver précieusement l'épargne que chacun s'impose généreusement pour l'avenir, auquel on n'ose songer sans effroi. »

Nous ne saurions trop insister de nouveau sur la nécessité de bien employer l'argent accordé par quelques pauvres familles en faveur de certaines infortunes qui seront peut-être d'autant plus honorables et plus légitimes qu'elles tarderont plus longtemps à se faire connaître.

Notre mission est donc loin d'être terminée, et, ainsi que nous le recommande M. le comte de Melun, président du Comité, qui, malgré les charges que lui impose son mandat de Député, continue de veiller sur notre œuvre avec cet affectueux dévouement

(1) Notes explicatives sur la création des caisses de secours. 2ᵉ édition, 1871, Danel, p. 37.

dont il lui a déjà donné tant de preuves, nous devons rester à notre poste.

« La paix, nous écrivait-il de Bordeaux, il y a
» peu de jours, en rendant moins nécessaire cette
» utile création, lui laissera cependant bien des be-
» soins à satisfaire, et il est indispensable que le
» licenciement des Mobilisés n'empêche pas le bien
» que le Comité s'était proposé. J'en dirai autant du
» licenciement des Mobiles qui ne tardera pas à
» s'effectuer et qui rendra peut-être encore plus dif-
» ficile l'emploi judicieux et le contrôle des fonds
» qui leur étaient destinés. Il est important d'exa-
» miner à qui ils doivent être remis, si toutefois le
» cadre des officiers actuels n'est pas conservé. »

Le Comité, pour répondre aux vœux de son hono-rable Président, a confié pour la ville de Lille la direction et la surveillance des Caisses de secours de la 1re légion des Mobilisés et du 7e bataillon des Mo-biles, à un conseil de famille chargé de recevoir les demandes et d'en apprécier la légitimité.

Le conseil se compose du Comité central de secours aux blessés, des Commandants des Mobilisés et de :

MM. Duret, commandant de la garde nationale
      sédentaire, président;

    Pouillier-Longhaye, vice-président :

    Mathelin, secrétaire;

    Tasse, trésorier;

    Nicolle, lieutenant-colonel de la garde nationale
      sédentaire;

Les commandants marquis de Vennevelles et Duburque et M. Houzé de l'Aulnoit, Délégué par le Comité central du nord de la France pour la création des Caisses de secours.

Il a déjà été restitué à des conseils de famille cantonaux, composés des Commandants et des Maires des différentes communes, une partie des sommes qui nous avaient été confiées par les autres bataillons de l'arrondissement.

Les caisses des cantons de Cysoing, de Pont-à-Marcq, de Tourcoing et de La Bassée, qui ont été gérées avec une sage prévoyance pendant la guerre, pourront être appelées à fonctionner encore d'une manière très-utile en faveur des nombreuses victimes de nos derniers combats.

De telles garanties de contrôle et d'équité permettront aux caisses de secours d'accomplir jusqu'à la fin leur belle mission humanitaire.

Le Comité est resté fidèle à son engagement de respecter la volonté des donateurs.

Toutes les sommes qui lui ont été versées avec une désignation ont formé autant de comptes distincts ; et si on a eu recours dans un moment difficile à ces mêmes fonds pour assurer l'organisation immédiate de quelques ambulances, c'est avec la conviction que les communes se feraient un devoir de ratifier une dette d'honneur, qui a servi à assurer la santé et la vie de leurs concitoyens.

Le Comité espère donc que les 2,751 fr. 98 cent. avancés aux cantons de Roubaix, Tourcoing, Haubourdin, Pont-à-Marcq, Douai, Marchiennes et St.-Amand, lui seront rendus dans un bref délai; ce qui lui facilitera le remboursement des fonds qui appartiennent à d'autres cantons et augmentera la réserve de la caisse departementale, spécialement chargée de doter les bataillons composés des dépôts tels que les 10e, 11e et 12e Mobiles.

Pour permettre aux cantons de réclamer les sommes qui leur sont dues, et aux bataillons de rembourser celles qui leur ont été avancées, nous croyons utile de livrer à la publicité les comptes qui résument actuellement l'actif et le passif de la caisse centrale du Comité.

Ces chiffres ne s'appliquent qu'aux sommes qui ont été directement versées et qu'il ne nous a pas encore été possible de remettre aux bataillons.

Quant aux nombreuses et importantes souscriptions recueillies dans chaque canton par les Comités cantonaux, elles ont été, suivant le désir que nous en avons exprimé au début de notre œuvre, encaissées par les hommes honorables qui ont bien voulu répondre à notre appel. — Nous n'avons donc pas à nous en occuper, convaincu qu'elles ont déjà reçu ou qu'elles recevront plus tard la destination indiquée par les donateurs.

Tableau de l'état de la caisse centrale de secours des mobilisés, au 15 mars 1871.

Sommes dues par divers bataillons à la caisse centrale :

8ᵉ mobiles; Roubaix et Tourcoing.	726 38
2ᵉ légion, 1ᵉʳ bataillon; Roubaix	358 48
— 2ᵉ bataillon ; Tourcoing-Nord.	154 13
— 3ᵉ bataillon; Tourcoing-Sud	192 23
3ᵉ légion, 2ᵉ bataillon; Haubourdin	371 38
— 4ᵉ bataillon; Pont-à-Marcq	220 48
6ᵉ légion, 3ᵉ bataillon; Douai	194 40
— 2ᵉ bataillon ; Marchiennes	248 25
9ᵉ légion, 4ᵉ bataillon ; Saint-Amand.	286 25
TOTAL. . . .	2,751 98

Sommes dues par la caisse centrale à divers bataillons :

5ᵉ mobiles ; Hazebrouck	125 87
6ᵉ — idem	125 88
7ᵉ — Lille	323 02
9ᵉ — Seclin, La Bassée, Cysoing. . . .	1,827 10
1ʳᵉ légion, 1ᵉʳ bataillon; Lille	1,807 82
— 2ᵉ — —	1,369 42
— 3ᵉ — —	1,688 17
— 4ᵉ — —	1,948 12
2ᵉ légion, 4ᵉ bataillon ; Lannoy.	27 77
— 5ᵉ — Quesnoy-sur-Deûle . . .	27 77
3ᵉ légion, 3ᵉ bataillon; La Bassée	3,947 62
— 3ᵉ — Armentières	27 77
— 5ᵉ — Seclin	702 77
8ᵉ légion, 3ᵉ bataillon; Cassel	241 75

9ᵉ légion, 5ᵉ bataillon;	Valenciennes-Est	10	»
— 6ᵉ —	Valenciennes-Nord . . .	10	»
— 7ᵉ —	Valenciennes-Sud. . . .	10	»

TOTAL . . .	14,200	85
ESPÈCES EN CAISSE . . .	12,661	20
DIFFÉRENCE	1,539	75

En conséquence, quand les cantons débiteurs auront remboursé les 2751 fr. 98 c. qu'ils nous doivent, il y aura un excédant de 1212 fr. 33 c. qui retournera à la caisse départementale ainsi que le matériel en magasin dont la valeur peut être estimée à 1550 fr. environ.

Le Comité central, dans sa séance du 13 mars, a décidé que le matériel des petites ambulances portatives des bataillons, resté sans emploi par suite du licenciement des mobilisés, serait emmagasiné et qu'un inventaire en serait dressé, afin qu'il pût être restitué à l'armée dans le cas où nous aurions à soutenir une nouvelle guerre, ou être envoyé, si le besoin s'en faisait sentir, aux généreuses nations qui nous ont donné tant de preuves de sympathie.

En effet, si la paix venait à être troublée dans un des points des deux continents, la France prouverait ainsi qu'elle n'a pas oublié les services qui lui ont été rendus par l'Angleterre, la Hollande, la Russie, la Belgique, l'Italie et la Suisse, et qu'en toutes circonstances ces nobles pays peuvent compter sur la plus entière réciprocité.

Le succès que nos caisses ont obtenu en s'adressant
à l'initiative individuelle, aura surtout pour conséquence de faire adopter en faveur des blessés la décentralisation des secours poussée jusqu'à ses dernières limites, tout en exigeant un contrôle très-
sévère de la part des officiers chargés de les admi-
nistrer.

Elles seules, par la simplicité de leur fonctionnement, sont susceptibles de prévenir ou de diminuer
les grandes infortunes qu'entraîneront désormais
après eux le perfectionnement des engins meurtriers
et le nombre incommensurable des combattants.

Plût au ciel qu'elles devinssent à jamais inutiles,
et que la Croix-Rouge, après s'être si noblement in-
terposée pour amoindrir les horreurs de la guerre,
pût concourir, en flottant sur les deux mondes, à
rapprocher tous les peuples dans une même pensée
d'amour et aider ainsi au maintien de la paix univer-
selle.

Mais, si au lieu de plonger le regard dans l'avenir, on se contente de le reporter vers le passé pour
apprécier, à sa juste valeur, l'œuvre créée par le
Comité central du Nord, on acquerra la preuve que
cette organisation, quoique un peu tardive, a pu recevoir cependant la sanction de l'expérience et porter
ses fruits sur les champs de bataille de Pont-Noyelles,
de Bapaume et de Saint-Quentin. Nul doute, d'après
les résultats obtenus en quelques semaines, qu'elle aurait notablement adouci les souffrances de notre
vaillante armée du Nord, si elle eût fonctionné au

début de la campagne et surtout à Villers-Breton-neux.

La Presse de Lille a le droit de partager avec le Comité les témoignages de reconnaissance qui lui ont été adressés par nos concitoyens. Elle a compris qu'après instruire et moraliser elle ne pouvait avoir une plus belle mission que de soulager les malheureux. Aussi le Comité central de secours aux blessés se plaît-il à reconnaître son active coopération. C'est pour lui un devoir, qu'il accomplit avec une bien douce satisfaction, d'être près d'elle l'interprète des sentiments de profonde gratitude de toutes nos populations.

MULET AVEC SON BAT & SES CROCHETS,

servant au transport du matériel d'ambulance d'un bataillon en marche et des blessés sur le champ de bataille,

Par M. HOUZÉ DE L'AULNOIT, Vice-Président du Comité central de secours aux blessés du Nord de la France.

JANVIER 1871.

Le bât et les crochets dont nous donnons ici le dessin ont servi au transport du matériel d'ambulance des mobilisés de l'armée du Nord. Ils ont été présentés au Comité par M. Houzé de l'Aulnoit et adoptés à cause de leur légèreté et de leur force. Ils peuvent, sur le champ de bataille, être transformés en cacolets et servir à transporter des blessés jusqu'aux ambulances.

Les crochets ont été empruntés aux pliants en bois ou chaises de jardins, dont le siége, composé de six barrettes en bois, peut se replier contre le dossier.

De ce dossier on n'a conservé que deux barres verticales reliées supérieurement par une barre transversale.

Deux crampons en fer maintiennent fixés ces crochets contre le bât.

Pour permettre au malade de trouver un point d'appui, on a placé une tige en fer à pivot susceptible de se relever et de recevoir une lanière de cuir qu'on peut attacher au crampon postérieur.

Une autre lanière pourrait être abaissée de la partie antérieure pour soutenir les pieds.

Sur chacun de ces crochets on place, lorsque la colonne est en marche, les caisses dont nous avons indiqué la composition dans notre modèle d'ambulance, et on les immobilise à l'aide de deux courroies.

Ce matériel est protégé, en cas de pluie, par une enveloppe imperméable portant une croix rouge sur chaque côté.

Le bât et les crochets avec les courroies, les guides et le mors, reviennent à 55 fr.; les mulets, en moyenne, 175 fr.

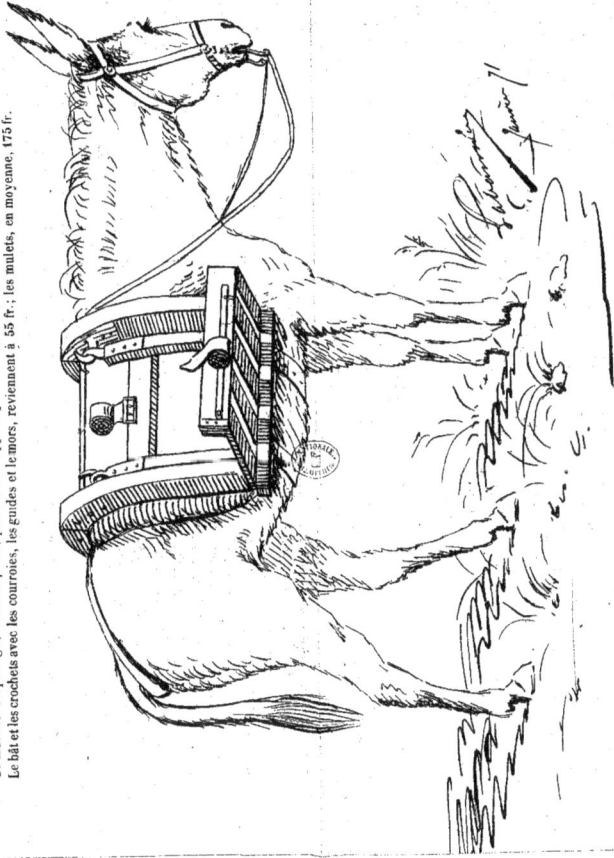

GOUTTIERE BRACHIALE EN ZINC

de M. le doc-eur HOUZÉ DE L'AULNOIT.

pour immobiliser le coude dans les cas de fracture ou de plaie de l'articulation huméro-cubitale, à la suite de coup de feu,

Présentée à la Société internationale de Secours aux blessés le 22 septembre 1870.

Les avantages de cette gouttière résultent de leur facile application sur le membre blessé : les deux valves dont elle se compose ayant une direction en rapport avec les axes du bras et de l'avant-bras fléchi à angle droit.

Trois lanières en tissu de caoutchouc, coïsues sur chacun des côtés, permettent, à l'aide de boucles, d'exercer sur le membre une douce compression, tout en maintenant la parfaite immobilité de l'articulation du coude.

Cette gouttière a été appelée à rendre des services réels sur les champs de bataille, en empêchant, pendant le transport des blessés jusqu'aux ambulances, les esquilles d'irriter les parties molles et de constituer ainsi une des plus graves complications des plaies par armes à feu.

Toute garnie elle ne revient qu'à 2 fr. 50 c.

N° 1.

Gouttière brachiale garnie de ses lanières à boucles et ouatée. Les bords présentent une série de petits trous pour faciliter l'attache de la garniture.

N° 2.

Gouttière bouclée sur le membre supérieur.

TABLE DES MATIÈRES.

Lille-Imp. L Danel

www.ingramcontent.com/pod-product-compliance
Lightning Source LLC
Chambersburg PA
CBHW070940280326
41934CB00009B/1959